JAILTON FELIPE DA SILVA

ESTUDOS CRÍTICOS SOBRE TEORIA GERAL DO DIREITO

2023

O PODER

Willis Santiago Guerra Filho

Henrique Garbeliline Carnio

1. Considerações propedêuticas

No encalço dos ensinamentos do professor Dalmo Dallari[1], estabelecer-se-á, inicialmente que, a problemática que envolve o poder é ajuizada por muitos como a mais importante para qualquer estudo da organização e funcionamento da sociedade, havendo, inclusive, quem o considere o núcleo de todos os estudos sociais. A bem da verdade, seja qual for a época da história da humanidade ou o grupo humano que se queira conhecer, será sempre indispensável que se dê especial atenção ao fenômeno do poder.

Pois bem. Preliminarmente, cabe inferir que, à guiza de especulação, a gênese etimológica da palavra poder, vem do latim *potere*, substituído ao latim clássico *posse*, que vem ser a contração de *potis esse*, que denota "ser capaz"; "autoridade". Dessa forma, na prática, a etimologia da palavra *poder* torna sempre uma palavra ou ação que exprime força, persuasão, controle, regulação, etc[2].

Aspirar à uma significação global do poder, e compô-la, é tarefa difícil, e esse texto, nos limites de seu alcance, trará perspectivas de cunho jurídico, filosófico- político e sociológico acerca dessa problemática.

Postas essas acepções, adensar-se-á, em seguida, a análise sobre o fenômeno do poder com fulcro em questões específicas que o envolvem e ajudam a inteligir, minuciosamente, suas complexidades e implicações ao desenvolver-se no tempo histórico, além da discussão acerca do medo enquanto sentimento fundamental e primordial de motivação para a organização social entre os homens sob o crivo aceptivo de grandes pensadores, como Comte, Freud e Nietzsche.

2. Algumas acepções possíveis e pertinentes acerca do poder

2.1 Acepção jurídica

---

[1] DALLARI, Dalmo. **Elementos da teoria geral do Estado.** 2° Ed. P. 37. Editora Saraiva.
[2] FERREIRINHA, Isabella Maria Nunes. RAITZ, Tânia Regina. **As relações de poder em Michel Foucault: reflexões teóricas.** P. 4. Disponível em:
http://www.scielo.br/pdf/rap/v44n2/08.pdf. Acessado em 25 de outubro de 2013.

Miguel Reale[3], eminente jusfilósofo brasileiro, advoga dentro de sua teoria tridimensional do direito, que o poder pode ser concebido em conexão com a experiência axiológica, e que somente a justiça pode vir a legitimar a força. E ainda, acerca da justiça, ele declara: "Direito é a conscientização da justiça na pluridiversidade de seu dever ser histórico, tendo a pessoa como fonte de todos os valores"[4].

Todavia, de um modo geral, e essa é a tese a desenvolver-se nesse bloco, dever-se-á conceber a noção de poder, dentro da ordem jurídica, como uma questão meticulosamente articulada ao Estado e também aos indivíduos[5]. Compreendendo como Estado, "a ordem jurídica soberana que tem por fim o bem comum, associado ao elemento povo situado em um determinado território"[6].

Nesse entoar, com a emergência do Estado de direito moderno - atentos aqui, ao que João Maurício Adeodato[7] nos fala acerca dos pressupostos sociais para a modernização do direito, quais sejam, a pretensão de monopólio, as fontes estatais e a relativa emancipação – as normas jurídicas positivas tomam uma importância, em certa medida, crucial, para que haja, a já aludida, articulação entre o Direito e o Estado. Essas normas (jurídicas) são normas postas anteriormente por um poder institucionalizado e legitimado.

O filósofo Habbermas entende o Direito e o Poder como fenômenos co-dependentes e co-legitimadores. Destarte, cabe concluir que o Direito é uma das, entre tantas outras, formas pela qual o poder se manifesta e de forma legitimada.

2.2 Acepção filosófico- política

Cabe pontuar que, em linhas gerais, Aristóteles concebia todas as coisas como ato e potência. Entendendo como ato, aquilo *o que já é*, portanto, um processo concluído, em contraponto à potência, que manifesta-se, em seu turno, como aquilo *o que será*, processo inconcluso, por conseguinte. Caminhando na discussão, Maquiavel relata a importância da conquista e manutenção do poder. Montesquieu, no afã de controle dos excessos do mesmo, propõe a famosa *teoria da tripartição do poder*. Outro iluminista, Voltaire, vislumbra o poder enquanto o ato de ser livre. Nietzsche - cujas ideias, esse texto debruçar-se-á com mais

---

[3] REALE, Miguel. **Lições preliminares de Direito**. 25° Ed. P. 60. Editora Saraiva.
[4] REALE, Miguel. **Op cit**. P. 63
[5] FILHO, Willis Santiago Guerra Filho. CARNIO, Henrique Garbellini. **Teoria política do Direito – a expansão política do Direito**. 2° Ed. P.23. Editora Revista Atualizada dos Tribunais.
[6] DALLARI, Dalmo. **Elementos da teoria geral do Direito**. *Apub*: JÚNIOR, Ariolino Neres Souza. **Conceito dos doutrinadores do Direito sobre o Estado**. Disponível em: http://www.conjur.com.br/2009-jun-15/conceitos-doutrinadores-ciencia-juridica-poder-estado. Acessado em: 28 de outubro de 2013
[7] ADEODATO, João Maurício. **Ética e Retórica**. 3° Ed. P. 167. Editora Saraiva.

profundidade no decorrer do mesmo - enxerga o que ele vai chamar de "vontade de poder" como a mais básica das forças que motivam a natureza e a sociedade.

Partindo para a integração do aspecto filosófico ao aspecto político no tocante à problemática do poder, Maria Lúcia de Arruda Aranha e Maria Helena Pires Martins, assim nos esclarece:

> *"A política trata das relações de poder. Poder é a capacidade ou possibilidade de agir, de produzir efeitos desejados sobre indivíduos ou grupos humanos. O poder supõe dois polos: o de quem exerce e o daquele sobre o qual o poder é exercido. Nesse sentido, o poder é uma relação ou um conjunto de relações pelas quais indivíduos ou grupos, interferem na atividade de outros indivíduos ou grupos"[8].*

Ora, a partir dessa concepção, é prudente inferir que, a política traz, em si, o fenômeno do poder como base fundamental de estudo, já que, para exercer a política, faz-se imperioso o uso do poder que, por sua vez, faz o uso da força que, em seu turno, pode ser entendida como força física, ou simples coerção de cariz ideológico.

2.3 Acepção sociológica

Há, nesse primeiro momento, a necessidade de se afirmar a importância capital do estudo do fenômeno do poder, enquanto uma maneira de analisar a sociedade e as relações estabelecidas entre os indivíduos, uma vez que, a dinâmica do poder, dar-se, pelo menos, entre dois indivíduos: entre quem manda e quem é mandado, à guiza de ilustração. Constitui-se, portanto, como assinala Reinaldo Dias[9], um fenômeno de ordem social e não individual, cuja principal característica fundamental é que ele (o poder) é um componente de uma relação social.

"Poder significa toda probabilidade de impor a própria vontade numa relação social, mesmo contra resistências, seja qual for o fundamento dessa probabilidade" [10]. Sob a tríade do poder carismático, tradicional e legal, Max Weber acentua a questão da legitimidade afirmando que, em linhas gerais, só terá direito à exercer o poder quem o fizer, ou quem o faz, de maneira legítima, ou seja, ou o exerce (o poder) tradicionalmente, carismaticamente ou legalmente.

---

[8] ARANHA, Maria Lúcia de Arruda. MARTINS, Maria Helena Pires. **Filosofando – Introdução à Filosofia.** 4° Ed. P. 267. Editora Moderna.
[9] DIAS, Reinaldo. **Sociologia das organizações**. Disponível em: http://vejasociologia.blogspot.com.br/p/o-poder-nas-organizacoes_1210.html. Acessado em: 28 de outubro de 2013.
[10] WEBER, Max. **A política como vocação**. 2° Ed. P. 33. Editora UnB.

No fito de aclarar ainda mais essa questão do poder triásico em Weber, Sebastião Villa Nova, pondera:

> *"Não decorrendo apenas da riqueza e da tradição legal, o poder tem outras fontes, tais como: a tradição (o poder dos pais sobre os filhos), o carisma (quando um indivíduo é percebido coletivamente como dotado de qualidades excepcionais, como alguns líderes políticos e religiosos) ou o conhecimento técnico-racional (o poder dos tecnocratas) "[11].*

A outra forma de exercício do poder e que, obviamente, se coloca à revelia do poder legítimo, é o poder que, segundo Weber, é calcado na imposição física e coercitiva.

Cabe agora relatar, à luz do pensamento weberiano, outros componentes do poder, quais sejam: a força, a dominação e a influência. Ressalta-se aqui a impossibilidade de dispensar um maior relato acerca desses componentes do poder, fundamentalmente, em função dos limites estabelecidos previamente nesse texto.

Ao analisar a organização enquanto um imperativo da convivência entre os homens em sociedade, G. W. Lapierre antever uma organização do poder individual pelo poder superior que, em seu turno, tripartir-se-á em: poder difuso (presente nas comunidades primitivas e marcada pela predominância dos costumes, enquanto normas de convivência), poder individualizado (marcado predominantemente pela crença em entidades divinas como originárias de todo o poder) e poder institucionalizado (marcado pela criação do Estado).

3. Análise do poder nas comunidades primitivas

3.1 O ponto de partida da investigação

À título de esclarecimento e em linhas gerais, a etnologia concentra-se no estudo de grupos humanos primitivos sendo, esses grupos, tutores de uma estrutura social e econômica homogeneizadas e em franca comunhão cultural e linguística. Pois bem. Isto posto, erigir-se-á a primeira problemática, que se abre à esses estudos, tentando associá-la ao campo jurídico no decorrer do texto. Essa problemática consiste, fundamentalmente, no risco de cairmos no exotismo e na comparação deveras depreciativa da outra cultura que, em primeiro momento, nos é estranha e a partir desse estranhamento construir-se uma série de ideias equivocadas. Equivocadas porque são construídas a partir da perspectiva dos "civilizados". Ideias como "sem escrita", "sem estado" e "sem comércio", ilustram bem essa questão.

---

[11] NOVA, Sebastião Vila. **Introdução à Sociologia** 3° Ed. P. 73. Editora Atlas.

Maria Lúcia de Arruda Aranha e Maria Helena Pires Martins reiteram essa questão e adiantam outro ponto (capital) nos estudos etnológicos, associando-os, como já dito, ao campo jurídico, vejamos:

> *"A tendência de ver esses grupos como inferiores decorre da tradição da colonização que a justifica. Claude Lévi Strauss prefere colocar aspas na palavra primitivo, quando a ela recorre na falta de outra. Mesmo assim, é preciso não nos esquecermos de que esses povos devem ser vistos como diferentes e não inferiores. (...) Nas comunidades tribais, a experiência individual não se separa da experiência da comunidade, mas se faz por meio dela, o que não significa a ausência de qualquer princípio de individuação, mas sim que o equilíbrio pessoal depende da preponderância do coletivo. (...) A consciência desses grupos, dependente e relativa, não é uma ausência de consciência; é uma consciência em situação, extrínseca e não intrínseca, a individualidade aparecendo então como um nó no tecido complexo das relações sociais. E o eu se afirma pelos outros, isto é, ele não é pessoa, mas personagem"[12].*

Ainda que embrionariamente, as autoras nos deixam à luz da discussão acerca do fenômeno do "animismo", presente nessas comunidades primitivas. Antes de abordá-la, todavia, cabe alertar que a questão da "consciência do eu", tão bem destacada na citação das autoras, é um ponto capital na compreensão da discussão proposta. Portanto, atenção especial. Pois bem. Feito este adendo, Henrique Garbellini Carnnio, na apresentação de sua tese de mestrado, na PUC-SP, sob a orientação de Tércio Ferraz de Sampaio Jr., relata acerca do animismo:

> *"Juntamente com a tendência emotiva sobre a racional, aparece na psiquê do homem primitivo, uma falta notável, de consciência do eu, de sua individualidade. Ele não conseguia distinguir o seu eu do tu e do ele e, porque não se sentia como um sujeito em relação à algum outro objeto, não se sentia em relação suficiente com as coisas para discernir sobre si próprio. Seu mundo era rodeado de espíritos e medo, temor dos mortos, vingança na função retributiva da alma e dos mortos. Esse fenômeno é conhecido como animismo, pela crença na natureza habitada por espíritos e se expressava na projeção dos fenômenos da vida psíquica sobre o mundo exterior"[13].*

---

[12] ARANHA, Maria Lúcia de Arruda. MARTINS, Maria Helena Pires. **Filosofando – Introdução à Filosofia.** 3° Ed. P. 71 – 73. Editora Moderna.

[13] CARNNIO, Henrique Garbellini. **Kelsen e Nietzsche: aproximações do pensamento sobre a gênese do processo de formação do direito.** P. 21

Ao lado do animismo, situa-se o fenômeno do "sincretismo normativo", ou vice-versa. Para compreender esse fenômeno, faz-se necessário informar que a divisibilidade entre o corpo social, moral, religioso e jurídico, não estava clara, ao modo, tal qual a enxergamos hoje em dia, ou em outras palavras, "as normas que regulavam a vida social eram agregadas num conjunto indiviso, de maneira que não era possível discriminar, quais teriam natureza moral, jurídica, religiosa ou social" [14].

Nessa pegada do sincretismo normativo, é importante notar, nas comunidades primitivas, o surgimento das primeiras relações de troca e escambo que, em seus desdobramentos, dará origem aos primeiros laços jurídicos - entre credores e devedores. Nesse ponto do surgimento dos primeiros laços jurídicos e, portanto, do surgimento do Direito, cabe, como já foi feito, alertar acerca da indecomponibilidade entre o que é jurídico e o que é religioso, moral, social, etc. O direito romano utiliza a alcunha *obliglatio* para referir-se a essa mesma – com um pouco a mais de avanço em alguns aspectos - relação jurídica de credores e devedores que, até então, vivenciava-se nas comunidades primitivas, sem caráter comercial - devido à sua psiquê - e que eram permeadas pelo juízo da responsabilidade.

Bem. Destarte, Nietzsche vem dizer que a relação jurídica do *obligatio* agregadas às severidades dos castigos outorgados aos infratores das normas vigentes, findará no surgimento dos conceitos que, em seu turno, assumirá imprescindível importância enquanto característica primordial e supedâneo à sociabilidade e moralidade.

3.2 A noção de poder e a homogeneidade dos povos primitivos

Antes de expor a discussão que se anuncia sob essa rubrica, a noção de poder e a homogeneidade dos povos primitivos, faz-se imperioso inteligir o que, de fato, significam as comunidades primitivas.

Ora, é questão remansosa, no terreno etnológico, que o conceito atribuído à essas sociedades é operado a partir da classificação primeira da ausência do Estado - como elemento catalisador e tutor de várias "coisas" -, dentro delas, mesmo que, nesse ponto, admita-se críticas contrárias. Pierre Clastres avisa que, grosso modo, apesar dessas críticas, faz-se necessária essa primeira classificação, visto que, ela leva à constatação de que há uma homogeneidade total e, sob vários aspectos, nessas comunidades. Essa homogeneidade é compreendida através do, e já se expôs, sincretismo normativo e animismo.

---

[14] CARNNIO, Henrique Garbellini. **Op. Cit**. P. 11.

Desdobrando essa compreensão da homogeneidade nas sociedades primitivas pelo sincretismo normativo e pelo animismo, podemos inferir, preliminarmente, que, se não há nenhuma divisão entre os vários ramos (religioso, jurídico, moral, etc) que compõe as comunidades primitivas, e se não há, definitivamente, a, pelo menos na psiquê dos indivíduos que vivem nessas comunidades, diferenciação entre os animais, as plantas e os próprios homens, há portanto uma absoluta (e ai fechando esse raciocínio no mesmo ponto onde ele começou) indivisibilidade e homogeneidade sob todos os as coisas que circundam o pensamento desses homens primitivos.

3.3 O medo como elemento motivacional da organização primitiva

Cabe agora pontuar que o medo é o fator propulsor, ou o corolário fundamental, e fundante das relações sociais entre os indivíduos primitivos, uma vez que ele - o medo - impulsiona os homens que, diante da perplexidade dos fenômenos que o rodeia e que fogem à sua cognição – já que eles nem ao menos tem consciência de si mesmos –

Uma vez esta constatação feita, desenvolver-se-á, por consequência, nos campos de estudos etnológicos uma verdadeira revolução. Vejamos na próxima sessão uma análise mais profícua acerca do medo como elemento/fator motivacional para a organização primitiva sob o crivo aceptivo de Comte.

3.4 A lei dos três estados de Augusto Comte

A priori, podemos sentenciar que o pensamento concebido por Comte, é, na realidade, a síntese das turbulências e reviravoltas de seu tempo, ilustradas aqui pela Revolução Industrial e pelo avassalador, para os padrões da época, desenvolvimento técnico- científico. Pois bem. Nesse contexto de mudanças substantivas nas relações sociais e na sociedade e da emergência da ciência e da razão como formas hegemonizadas - e não hegemônicas! - de conhecimento, Comte busca desenvolver uma ciência social – o que depois ele dá o nome de sociologia. Adiante, nesse afã de desenvolver uma ciência social, Comte cria a lei dos três estados, sustentando a tese de que o espírito humano passou, durante todo o momento histórico até então vivido, por três estágios ou estados: o teleológico, o metafísico e o positivo. No tocante a essa lei dos três estados, Anthony Giddens pontua:

> "A lei dos três estados de Comte, afirma que os esforços humanos para entender o
> mundo passaram através dos estágios teológico, metafísico e positivo. No estágio

teológico, os pensamentos eram guiados por ideias religiosas e pela crença de que a sociedade era uma expressão da vontade de Deus. No estágio metafísico, que se torna proeminente aproximadamente na época da Renascença, a sociedade começa a ser vista em termos naturais, e não sobrenaturais. O estágio positivo, introduzidos pelas descobertas e conquistas de Copérnico, Galileu e Newton, encorajou a aplicação de técnicas científicas no mundo social"[15].

Pois bem. Dentro dos limites desse texto, dar-se-á uma relevância maior ao estágio teleológico, visto que o mesmo busca uma explicação mais genérica, de cunho teológico-religioso para aquilo que, até então, é ininteligível à mente humana.

Preliminarmente, cabe firmar a vontade humana de conhecer o mundo que o circunda, como o corolário de todas as formas de conhecimento. Nesse contexto, o homem primitivo se vale da magia e da prece como meios para explicar a sua realidade e manter contratos com os deuses. Se é através da magia que o homem primitivo mantém sua relação - de inferioridade – com a natureza e um dos desdobramentos dessa atividade (magia) são, justamente, os sacrifícios e os castigos, então por que se mantêm esses contratos, como já aludido, com os deuses se eles se encontram em relação de inferioridade? A resposta: o medo, que é, em seu turno, o sentimento mais primitivo do homem.

Ora, partindo do pressuposto de que o homem não é, naturalmente, um animal especulativo mas dividido, em seu estado natural, por toda sorte de dubiedades, angústias e indecisões, o medo, então, surge como uma espécie de mal estar e inquietude diante daquilo que, até então, é indefinido e incerto. Aristóteles compartilha da ideia de que o medo origina-se da inquietude com as perspectivas projetadas no futuro, podendo gerar morte ou dor.

Isto posto, podemos concluir então que a origem do estado teleológico, definido por Comte como o estado em que o espírito, diante da perplexidade do mundo que se apresenta ao homem primitivo como desconhecido e indefinido e que necessita de uma explicação, se encontra, justamente, no medo. E pra fugir desse medo e da dor o homem acaba desenvolvendo uma série de explicações para o mundo com fulcro em fenômenos sobrenaturais e através da intervenção divina.

É interessante notar que, segundo a análise comteana, todas as formas de indagações e análises das formas de vida, advêm, exatamente, do medo. E nessa perspectiva, surge a religião e a ciência, com vistas a compreender o que era, até então, incognoscível. Nesse entoar, seria necessário "saber para prever, prever para prover", dizia Comte.

---

[15] GIDDENS, Anthony. **Sociologia**. 4° Ed. P. 28. Editora Artmed.

3.5 O medo e a alma: animismo e magia no pensamento de Sigmund Freud

Freud, perscrutando o desenvolvimento do espírito humano, chega à conclusão de que o mesmo obedece - e nesse aspecto ele se assemelha, em alguma medida, à Comte – a três leis fundamentais, quais sejam: o animismo, a religião e a ciência. Freud também asseverava que essas leis subjaziam e emergiam do medo e da necessidade de domínio do homem dos fenômenos que fugiam à sua compreensão e que por eles eram determinados.

Na imissão de sua análise acerca do animismo, Freud o concebe, e com supedâneo doutrinário nos trabalhos de estudiosos, tipo Herbert Spencer, como a doutrina dos espíritos humanos em geral e, contingencialmente, como a doutrina das almas, chegando até a afirmar que o animismo constitui a filosofia da natureza, por animar (dar vida) e permear o mundo de tudo aquilo que não tem vida (plantas, espíritos, etc.). Adiante, ele afirma que o animismo foi utilizado "para indicar a teoria do caráter vivo das coisas que nos parecem ser objetos inanimados, de modo que as expressões 'animalismo' e 'hominismo' também são empregadas em relação a isso"[16].

Freud ainda explica que o homem primitivo chegou ao animismo - ou seja, a ideia erigida na perplexidade do homem ante à natureza e de explicação (ou tentativa) a partir de uma perspectiva individual para domínio do universo e de suas forças - através do fenômeno do sono e dentro deste fenômeno, ele acentuava a importância dos sonhos e da morte. A morte, em seu turno, como problematização fundamental desta teoria de Freud, vem a tona depois que o homem consegue sistematizar o pensamento animista - que não é simplista -, e a partir dessa sistematização, a morte começa a ser compreendida mesmo que com alguma hesitação pelo homem. Em suma, Freud diz que esse sistema interpretativo – animista – foi criado a partir de uma perspectiva, como já exposto, de domínio do homem sobre as forças naturais e não porque o homem é um animal naturalmente especulador das situações infamiliares que se colocam em sua frente.

Como instruções de domínio, contingenciais no animismo, Freud tenta bifurcar conceitualmente, ainda que com alguma resistência, a magia e a feitiçaria.

> *"No sistema anímico, segundo Freud, o homem transfere para a realidade suas*
> *estruturas mentais, onde as ideias podem agir por correspondência sobre os objetos*

---

[16] FREUD, Sigmund. **Totem e tabu**. *Apub*: FILHO, Willis Santiago Guerra Filho. CARNIO, Henrique Garbellini. **Teoria política do Direito – a expansão política do Direito**. 2° Ed. P.36. Editora Revista Atualizada dos Tribunais.

concretos. As leis da natureza são substituídas por leis psicológicas, provocando assim uma supervalorização dos processos mentais, onde as coisas se tornam menos importantes que as ideias das próprias coisas. (...) "O animismo é, talvez o mais coerente e completo, pois dá explicação da natureza e do universo". (FREUD:1996: 89) pois é uma teoria psicológica (...) e não surge simplesmente da curiosidade humana, mas da necessidade prática de controlar o mundo que rodeava o mundo primitivo e por esta razão, "não ficamos surpresos, em descobrir que, de mãos dadas com o sistema animista, existia um conjunto de instruções a respeito de como obter o domínio sobre os homens, ou melhor, sobre seus espíritos. É a isto que Freud chama de magia e feitiçaria. (...) Magia é justamente o modo como os homens primitivos irão tornar os fenômenos naturais submissos a sua própria vontade"[17].

A feitiçaria, em linhas gerais, seria uma tentativa de controle da conduta dos espíritos, amoldurando-a aos humanos. Freud explica que a magia é norteada pelo "princípio da onipotência dos pensamentos", segundo o qual o pensamento teria influência sobre os acontecimentos reais. No estágio animista o homem atribui sua onipotência a si mesmo, no estágio religioso, atribui a entidades divinas e no estágio científico, o homem perde a sua onipotência em função do medo da morte e de outras necessidades naturais.

Sinteticamente, Freud advoga que diante da perplexidade de não dominação de um mundo inescrutável que se projeta frente ao homem primitivo, este inicia um processo de contenção dos instintos e a concatenação de um sistema de pensamento (animismo), emergente do medo e com o escopo de dominar o poder sobre si mesmo e sobre o mundo.

3.6 Medo, domínio, vontade de poder e repressão: a contribuição de Nietzsche e a ponte para os tempos atuais.

Nietzsche, filósofo alemão, é famoso por suas efusivas e contumazes críticas à historiografia da moral ocidental, concebendo-a como a moral cujo intuito concentra-se, fundamentalmente, na inibição dos instintos originários do homem. Pois bem. É lugar comum, tanto no pensamento de Comte, quanto no de Freud e no de Nietzsche, a ideia de que o medo é o sentimento fundamental e primordial enquanto propulsores da organização social entre os homens, o que levará, como já relatado, à sistematização do animismo.

---

[17] MENDES, Paula Viana. **Por que não magia? A sedução contemporânea pelo mundo mágico de Harry Potter.** P. 23-24. Editora Annablume.

"O medo é o pai da moralidade", dizia Nietzsche, se aproximando, nesse ponto, de Hobbes. Com medo das sanções, o homem abdica daquilo que o faz feliz em prol de uma moral anteriormente estabelecida e dessa maneira ele acaba inibindo seus instintos originários, e é exatamente nesse contexto que o homem primitivo cria a sua primeira forma de espiritualidade – o animismo – enquanto uma forma de dominação do desconhecido que lhe causa horror e perplexidade. Acontece que, quando a espiritualidade emerge no homem primitivo, os seus instintos animalescos são domados, simultaneamente.

.Nietzsche argumenta no livro *Vontade de Potência* que "as confusões fisiológicas são a causa de todo o mal"[18]. Diz ainda que o medo do mal acompanhou desde sempre o homem primitivo, e conceituando o mal, Nietzsche fala que ele pode ser o acaso, o incerto e o súbito. E no afã de exaurir esse mal, o homem primitivo o converte em razão e em potência, ou, sinteticamente, em algo cognoscível.

No fito de perscrutar a gênese dos conceitos do bem e do mal que, em seu turno, constituirão a base dos juízos concebidos acerca do valor moral e das intenções humanas, Nietzsche, através de seu método genealógico, começa a investigar a história da moral e chega aos conceitos de moral dos senhores, ou aristocrática, e moral dos escravos, ou gregária.

> *"A nobreza cavalheiresco-aristocrática, cria para si o termo' bom', no sentido de se auto afirmarem categoria superior. Não obstante, esta mesma nobreza, cria o termo 'ruim' para se referir ao que é baixo, plebeu e comum. Por outro lado,o ressentimento inverte este modo de valoração nobre e parte do outro para se designar: criam um 'mau' referindo-se àqueles nobres, e 'bom' referindo-se a si mesmo como oposto ao que for nobre"[19].*

Ele fala que é através do culto à moral dos escravos, tida como boa e virtuosa, que se cria a sociedade de rebanhos, pautada, em seu turno, pela conservação de valores espúrios e decadentes que tolhem os instintos humanos e o fazem negar a realidade (niilismo) e a vida como um processo de mudança constante - devir.

Analisando a problemática do ressentimento, Nietzsche o leva até as suas últimas consequências, como, por exemplo, a impossibilidade de esquecer, a degenerescência do sistema psico-fisiológico e a negação da realidade.

---

[18] NIETZSCHE, Friedrich Wilhelm. **Vontade de Potência – ensaio de transmutação de todos os valores.** 3° Ed. P. 37. Editora Companhia das Letras.
[19] MATILDE, Braian Sanches. **Moral de senhores e moral de escravos na filosofia de Nietzsche.** P. 1. Disponível em: http://www.ifch.unicamp.br/ojs/index.php/cadernosgraduacao/article/view/527/413. Acessado em : 03 de novembro de 2013.

Ora, quando os indivíduos, segundo Nietzsche, recebem impressões/agressões negativas do mundo exterior e não são capazes de rebatê-las, porque são fracos, a mente humana esquece, e esquecimento, quando acumulado, gera o ressentimento. É curioso que Nietzsche considera o ressentimento a força motriz da vida e das relações estabelecidas entre as pessoas, o que gera a possibilidade de convívio em sociedade, já que, se ninguém rebate as agressões sofridas, cria-se um ambiente propício ao convívio de todos - mesmo que com a presença dos oprimidos e dos opressores - , todavia, e de forma paradoxal, Nietzsche ver esse mesmo ressentimento como uma negação da realidade e do devir, ou seja, da vida como um processo de transformação constante, acaba o ressentimento, em suma, por retirar a plenitude e a vitalidade contingencial à vida.

Nesse ponto do ressentimento, Nietzsche bate na tecla da hipocrisia humana, tida por ele como abjeta e vil, mas que pelos homens é edulcorada, ou seja, suavizada e abrandada sob o véu das aparências, mesmo sabendo que não estão plenamente satisfeitos com a vida que levam.

3.7 O medo, o humanismo e a época moderna

A época moderna, pensava Nietzsche, traz como herança, em si mesma, a marca indelével do medo que acaba por domesticar e, em alguma medida, acovardar o homem ante a execução de seus instintos mais primários e, desse modo, o levando ao niilismo, ou seja, à negação da realidade e do devir, como já abordado.

Há também, na modernidade, uma contundente crítica de Nietzsche ao humanismo que, em seu círculo, postergava a valorização da ação, da liberdade, do espírito crítico do talento e da capacidade humana de conduzir o próprio destino. Os humanistas propunham um regresso aos modelos e formas de arte grega e romana[20]. Essa crítica se encaminhava na medida que essa corrente de pensamento era, segundo ele, uma mera escolarização e reprodução da domesticação dos homens que vinha desde os tempos primitivos, portanto, negativa para a afirmação da vida em sua plenitude, segundo entendia Nietzsche.

"O insuportável não é só a dor, mas a falta de sentido da dor, e mais ainda: a dor da falta de sentido". Com essa frase do Nietzsche, dar-se-á enfoque agora a outro ponto importante nesse bloco: a dor enquanto elemento insuportável para o homem moderno. Na verdade, não se tratava nem da dor em si, mas da ausência de sentido dessa mesma dor. E a dor, então, convertia-se na falta de sentido da mesma (dor).

3.8 O avanço do deserto da modernidade e o medo no ambiente de uma época técnico-científica pelos caminhos do esclarecimento (Aufklarung).

Contemporaneamente, o homem vive em um mundo marcado pela velocidade frenética com que as coisas acontecem e se desdobram, tendo, inclusive, que se adaptar à essa realidade, que, indubitavelmente, não é a sua, e nunca a foi. Um mundo onde o homem esqueceu a importância das outras pessoas com as quais convive cotidianamente, e

---

[20] BRAICK, Patrícia Ramos. MOTA, Myriam Becho. **História – Das cavernas ao terceiro milênio**. 2° Ed. P. 208. Editora Moderna.

(sobre)vive de pautar sua vida em previsões futuras de um bom emprego, sucesso financeiro,fama, poder, etc. Não encontrando significado em meio a toda essa desordem que se tornou a sua vida, ele faz uso de entorpecentes numa expectativa, um tanto que enviesada, de resolver tudo o que se passa em sua vida. A dor que o leva a fazer uso desses medicamentos/entorpecentes, e que é uma das marcas do tempo presente, é, na realidade, a dor da incapacidade de compreender o porquê da dor que o aflige. Tomar esses entorpecentes é uma maneira de se auto imunizar na atividade de confrontar-se consigo mesmo, ou seja, com o vazio que preenche o espírito de cada um.

O homem, na tentativa de fugir do medo que sempre o acompanhou, desenvolve vários tipos de abstrações, como o mito e a religião, no intuito de tentar explicar essa perplexidade que o mundo e seus fenômenos, o impõem e o fazem sentir. Nem mesmo a ciência fez com que o homem fugisse desse medo, como supunham, erroneamente, os iluministas do século XVIII, tais como Bacon e Descartes.

O homem teme a morte, e temer é sentir medo. Se temer é sentir medo da morte, podemos inferir então que a morte é o corolário primeiro e último do medo do homem, e é justamente por medo da morte que o homem lança mão de diversas invenções abstratas como um meio de fugir desse medo, o que, como exposto, não surtiu os efeitos esperados. E esse exatamente nesse que caberia uma rediscussão acerca da (in) finitude do homem.

Rediscutir essa questão da (in) finitude do homem seria, necessariamente, regredir e integrá-lo ao passado, reconhecendo erros (corrigindo) e traçando novas perspectivas.

O direito como regra de conduta

Norberto Bobbio

1.   Disposições propedêuticas: limites e finalidades do texto

A qualquer empreendimento intelectual estruturado em ideias e, consequentemente, escritos, o exercício de apresentar é sempre difícil. Inserir no início de algum trabalho palavras que descrevam o seu conteúdo, ou a que ele se propõe e, desse modo, antecipá-lo, é assaz delicado, demandando, em função de sua complexidade, espírito de síntese e análise penetrante. Essa, não obstante o caráter analítico e, em sutileza medida, crítico do texto que ora se anuncia, será a tarefa que se impõe a partir de agora.

Pois bem. De imediato, faz-se mister asseverar, a tempo e modo, nas latitudes e caracteres inerentes por seu turno à introdução de qualquer trabalho, que o presente texto tem por escopo a análise e estudo do fenômeno jurídico a partir de uma perspectiva estritamente normativa – tal como enxerga Hans Kelsen –, demonstrando, a partir dessas elucubrações, que a experiência jurídica e todas as formas de relacionamento que se estabelecem entre os homens em sociedade, são, a rigor, comandados por normas. Sendo estas últimas – normas – concebidas pelos juristas em geral, tal como assenta o prof. Tércio Sampaio, como proposições independentemente de quem as estabeleçam ou para quem elas são dirigidas. Em arremate, a norma jurídica trata-se de uma proposição que diz como *deve ser* o comportamento, isto é, uma proposição de dever ser[1].

Será também de alçada do presente texto, entre outras questões, a discussão enfeixada na teoria da instituição de Romano, segundo a qual os elementos constitutivos do direito, ou seja, os elementos que o conferem forma, são, necessariamente, a sociedade, a ordem e a organização, apreendida esta última como pressuposto indispensável à ordenação da vida social, fazendo valer, em função deste motivo, o brocardo romano *"ubi jus, ibi societas"*. Finda esta discussão, o texto empreenderá tentativas de similitude entre a teoria ora exposta – à título sumário, óbvio – com outros entendimentos acerca do que vem a ser o direito em sua relação com a norma, ou seja, o **direito como regra de conduta** humana imprescindível à vida em sociedade.

2.   Um mundo de normas

---

[1] JR., Tércio Sampaio Ferraz. **Introdução ao estudo do Direito – Técnica, decisão, dominação.** 7° edição. São Paulo, 2013. Editora Atlas. P. 75.

Já que o atual texto, como acenado na introdução, pautar-se-á em uma concepção que vê na norma o primado sobre o qual se erige a experiência jurídica e com ela se confunde, nada mais pertinente do que "abrir os trabalhos", discutindo o próprio conceito de direito e, nas latitudes permitidas, associá-lo à problemática da norma.

Muito bem. Preliminarmente, faz-se imperioso assinalar que todo conhecimento jurídico necessita do conceito de direito[2]. O conceito, assim ensina Lourival Vilanova, é um esquema prévio, munido do qual o pensamento se dirige à realidade, desprezando seus vários setores e somente fixando aquele que corresponde às linhas ideais por ele delineadas[3]. João Maurício Adeodato, à sua vez, entende o conceito como um esquema de natureza ideal no qual se fixam as características básicas de determinado objeto, sendo a explicação, por seu turno, a clarificação dos elementos do conceito, configurando, a rigor, uma tautologia, uma vez que se propõe a estabelecer o significado de algo intrinsecamente dotado de significado[4]. De mais a mais, Adeodato observa o Direito, sob um primeiro ângulo, como ordenação da conduta humana[5]. Dando maior relevo ao caráter coercitivo, Tobias Barreto, eminente jurista brasileiro, em sede doutrinária, concebe o Direito como a organização da força. Ficou famoso o seu temerário confronto do direito à "bucha do canhão", o que se deve atribuir aos ímpetos polêmicos que arrebatavam aquele grande espírito[6].

Em cômputo de tudo quanto posto no que diz respeito ao conceito de Direito, cumpre, no esteio do pensamento de Miguel Reale, sopesar que

> o Direito corresponde à exigência essencial e indeclinável de uma *convivência ordenada*, pois nenhuma sociedade poderia subsistir sem um mínimo de ordem, de direção e solidariedade. [...] é, por conseguinte, um fato ou fenômeno social; não existe senão na sociedade e não pode ser concebido fora dela. [...] É difícil, com efeito, separar a experiência jurídica das estruturas lógicas, isto é, das *estruturas normativas*[7]. (sem grifos no original)

Pela exposição feita até agora, percebeu-se, ainda que de maneira perfunctória, o nexo umbilical estabelecido entre o fenômeno jurídico e a norma jurídica, onde o Direito adquire efetividade a partir das normas estabelecidas e guardadas com o manto protetor da força, tal

---

[2] BELLING, Ernest Von. **La Science du droit, sa function et ses limites**, in Recueil d'éstudes sur les sources du droit, en honneur de Geny, t.2, p. 150; JR, Golfredo Telles Jr. **Palavras do amigo aos estudantes do direito**. São Paulo, Ed. Juarez de Oliveira, 2003, p. 1-40.
[3] VILANOVA, Lourival. **Sobre o conceito de Direito**. Imprensa Oficial. Recife, 1947. P. 28-29.
[4] ADEODATO, João Maurício. **Ética e Retórica – Para uma teoria da dogmática jurídica**. 3° edição. São Paulo, 2007. Editora Saraiva. P. 109.
[5] ADEODATO, João Maurício. **Op. Cit**. P. 108.
[6] REALE, Miguel. **Lições Preliminares de Direito**. 27° edição. São Paulo, 2012. Editora Saraiva. P. 47.
[7] REALE, Miguel. **Op. Cit**. P. 2-3.

como quer Jhering em seu famoso opúsculo, *"A luta pelo Direito"*, não sendo por acaso ser este pequeno livro uma das literaturas mais comentadas nas faculdades de Direito, Brasil e mundo afora – daí a ênfase no termo "ordenação" na transcrição dos entendimentos dos juristas acima considerados.

Nessa conjectura, é-se forçoso e imprescindível ao desenvolvimento do texto atual, destacar o papel de elemento ubíquo – onipresente – da norma, em cujo mundo desenvolve-se a vida humana. O homem, à sua vez, é, simultaneamente, indivíduo e ente social. Conquanto seja um ser independente, não deixa de fazer parte, por outro lado, de um todo, que é a sua comunidade humana. Para que as criaturas racionais atinjam seus objetivos, assina Maria Helena Diniz, a condição fundamental é a de se associarem e,

> com efeito, desde o nascimento o ser humano pertence a alguns grupos, como a família, comunidade local, classe, nação, Igreja, escola, clube, empresa, sindicatos etc. E em todos os grupos há *normas disciplinadoras* do comportamento dos seus membros. Hauriou já nos ensinava que cada instituição se constitui com uma finalidade prática que visa atingir. Em torno desse fim e no âmbito respectivo, cada uma regula sua vida, fixando normas de coexistência do todo, limitando as ações das pessoas que a compõe, definindo-lhes os direitos e deveres[8]. (sem grifos no original)

Sendo a experiência jurídica e histórica confundida com a experiência normativa, pode-se, em função deste fato, aduzir que a história e desenvolvimento da civilização humana deram-se, fundamentalmente, através da existência, justaposição e integração de normas éticas (morais, religiosas, de uso social, jurídicas etc) ou do *dever ser*, que prescreviam deveres e facultavam direitos. Em resumo, o estudo da história de todas as civilizações que se sucederam no tempo, é, necessariamente, sob o crivo normativo, o estudo das normas que essas sociedades adotaram para si.

3.   Variedade e multiplicidade das normas

Antes de qualquer coisa, faz-se necessário definir o conceito de norma. Como pontuado anteriormente, os juristas costumam conceber o significado das normas como proposições ou prescrições. A norma como prescrição também se expressa pelo dever ser, que significa então impositivo ou impositivo de vontade. Dessa vontade não se abstrai, permanecendo importante para a análise da norma a análise da vontade que a prescreve[9]. Há

---

[8] DINIZ, Maria Helena. **Compêndio de Introdução à Ciência do Direito**. 21° edição. São Paulo, 2010. Editora Saraiva. P. 341.
[9] JR., Tércio Sampaio Ferraz. **Op. Cit.** P. 75.

também que se destacar a norma como um fenômeno complexo que envolve não só a vontade de seu comandado, mas também diferentes situações estabelecidas entre partes que se comunicam. Nesse caso, a norma é entendida como comunicação, por permitir a troca de mensagem entre seres humanos e, em decorrência desse fato, estabelecer relações de coordenação e subordinação[10]. Genericamente:

> Mesmo sem desconhecer que o jurista, ao conceber normativamente as relações sociais, a fim de criar condições de decidibilidade de seus conflitos, também é um cientista social, há de se reconhecer que a norma é o seu contrário fundamental de análise, manifestando-se para ele o fenômeno jurídico como um dever ser da conduta, um conjunto de proibições, obrigações, permissões, por meio do qual os homens criam entre si relações de subordinação, coordenação, organizam seu comportamento coletivamente, interpretam suas próprias prescrições, delimitam o exercício do poder etc. Com isso, é possível encarar as instituições sociais, como a família, a empresa, a administração pública, como conjuntos de comportamentos disciplinados e delimitados normativamente[11].

Formulado o conceito de norma, passa-se agora a alguns comentários, no fito de distinguir, ainda que sumariamente, as leis que regem o mundo físico e as normas éticas que, por suas maneiras, regulam a conduta humana, para, em seguida, matizar as diversas normas éticas e comprovar a "tese" da variedade e multiplicidade de normas dentro das quais é possibilitada a convivência social.

Pois bem. As leis naturais ou do mundo físico são estudadas pela ontologia e se ocupam de estabelecer a ordem da natureza, estando submetidas ao princípio da causalidade. Sua expressão lógica é: se A (condição) é, então B (consequência) é. Traduzindo, sempre que for verificada uma mesma condição, ocorrerá sempre a mesma consequência. Se a consequência esperada não se verificar na prática, a lei carece de validade.

As normas éticas, é mister objetar, surgem em sociedades culturais e são estudadas pela deontologia, estando incumbidas de reger o mundo humano e submetidas ao princípio da imputação. Ao revés das leis naturais, a expressão lógica das normas éticas, é: se A (condição) é, então B (consequência) deve ser. Se de A (condição) não advier B (consequência) não tem sentido dizer que a norma tornou-se inválida, vez que, não obstante a norma regular a conduta humana, o critério de validade/invalidade da norma em questão é aferido através de sua aderência/pertinência ou não ao ordenamento jurídico que, como

---

[10] JR., Tércio Sampaio Ferraz. **Op. Cit**. P. 75-76.
[11] JR., Tércio Sampaio Ferraz. **Op. Cit**. P. 76.

rememora João Maurício Adeodato, nada mais é que um dado empírico e normas jurídicas não são dados empíricos[12], daí não confundir normas com textos. Daí decorrer, também, a teoria estruturante de Muller afirmar que o legislador só faz o texto, um dado de entrada para a construção objetiva da norma no caso concreto: o texto da norma não tem ainda qualquer significado prévio, mas apenas validade, está validamente posto[13]. Depois dessa breve digressão, cumpre, portanto, sintetizar que a contradição dos fatos B à condição A não invalida a norma.

A guisa de mero didatismo pode-se distinguir as normas éticas em basicamente quatro campos: a) normas morais – são dotadas de intrasubjetividade vez que procuram alcançar a consciência dos indivíduos para a realização do valor supremo do bem, sendo no foro íntimo do indivíduo que essa norma encontra sua realização sem auxílio da força. Como assinala Miguel Reale, a norma moral é incoercível, ao passo que as normas jurídicas, como se pontuará, detêm a marca indelével da coercitividade[14]; b) normas religiosas – *strictu sensu*, são normas que regem o funcionamento de instituições religiosas; c) normas de trato social – são normas de decoro, cortesia e oportunidade criadas socialmente pelas classes no escopo de evitar o ridículo, sendo essas normas passíveis de coerção; e d) normas jurídicas – é o objeto de estudo da Ciência Jurídica, não indicando outra coisa senão as ações (condutas) humanas, mas estas são concebidas como um dever ser e não como um ser, dotadas, por sua vez, de coercitividade e estabelecidas entre, pelo menos, duas pessoas segundo uma ordem de exigibilidade. Eis ai a bilateralidade atributiva, nota, segundo Miguel Reale, essencial e distintiva da norma jurídica.

Muito bem. A sociedade sempre foi regida e se há de reger por um certo número de normas, sem as quais não poderia subsistir[15], portanto, à vista do exposto, percebe-se que a conduta humana é regida por uma variedade e multiplicidade de normas muito grande. As mais cotidianas ações são conduzidas sob o crivo normativo, onde as normas jurídicas, assim como sublinha Del Vechio, se tornam uma coluna vertebral do corpo social[16]. Por fim, cumpre transcrever o aditício de Jhering à essa questão no sentido de ele considerar a norma "instrumento elaborado pelos homens para lograr aquele fim consistente na produção da conduta desejada"[17].

[12] ADEODATO, João Maurício. **A Retórica Constitucional – sobre tolerância, direitos humanos e outros fundamentos éticos do direito positivo.** 2° edição. São Paulo, 2010. Editora Saraiva. P. 227.
[13] MULLER, Friedrich; CHRISTENSEN, Ralph; SOKOLOWISK, Michael. **Rechtstext und Textarbeit**. Berlin: Dunker e Humblot, 1997, p. 32. ADEODATO, João Maurício. **Op. Cit.** 229.
[14] REALE, Miguel. **Op. Cit.** P. 46.
[15] DINIZ, Maria Helena. **Op. Cit.** P. 342.
[16] VECHIO, Del. **Philosophie du droit**. Paris. Dalloz, 1953. P. 279. In: DINIZ, Maria Helena. **Op. Cit.** P. 343.

4.   O Direito é uma instituição?

Foi admitido de maneira inteiramente exclusiva, até agora, que o elemento característico da experiência jurídica é a experiência normativa e que ambas as experiências se confundiam. Todavia, uma outra teoria advoga existir elementos outros que dão vida ao Direito. Desenvolver os caracteres mais importantes dessa teoria, nos limites permitidos pelo texto atual, é a tarefa que se impõe nesse bloco.

A bem de ver, a primeira teoria de que se vai tratar nesse texto, como já adiantado na introdução, é a teoria que enxerga o Direito como instituição, elaborada originalmente na Itália por Santi Romano e que, obviamente, colocar-se-á de forma diametralmente contrária à teoria estatalista que, como fartamente exposta, confunde o jurídico e o normativo. Para Romano o conceito de Direito deve açambarcar 1) o conceito de sociedade em, pelo menos, duas acepções recíprocas básicas, vale dizer, a) aquilo que não ultrapassa a esfera individual não é direito; b) inexiste sociedade sem a manifestação do fenômeno jurídico; 2) tendo por fim a exclusão de todo e qualquer elemento que conote puro arbítrio ou força material, o conceito de direito deve conter a ideia de ordem social; 3) antes de ser norma, o direito é organização.

Por tudo quanto posto, convém sublinhar que, para Romano, os elementos constitutivos do Direito são três, a saber, a *sociedade* em cuja base o direito encontra sua existência; a *ordem* como fim do Direito e do estabelecimento de normas e, por fim, a *organização* enquanto um veículo de promoção da ordem. Em arremate, a organização de uma sociedade ordenada – *instituição* – é, sob a ótica de Romano, a condição precípua de existência do Direito, sem a qual o mesmo pereceria.

De todos os elementos constitutivos do fenômeno jurídico, o mais proeminente na teoria da instituição de Romano é, indubitavelmente, a *organização* que, por sua importância, marca a passagem da sociedade inorgânica para a sociedade orgânica, ou seja, de uma sociedade desorganizada para uma sociedade organizada. À este acontecimento Romano dá o nome de institucionalização. É da institucionalização de um determinado grupo social, pois, que seu ordenamento jurídico subjaz. Partindo desse pressuposto, é correto asseverar que o Direito nada mais é que um produto cultural do homem social e que não Direito sem

---

[17] GODOY, Arnaldo Sampaio de Moraes. **Embargos culturais – Em Antígona o embate entre direito positivo e direito natural**. Disponível em: http://www.conjur.com.br/2012-ago-26/embargos-culturais-antigona-embate-entre-direito-positivo-natural Acessado em: 20 de janeiro de 2014.

sociedade, todavia, entende Romano, nem toda sociedade tem o Direito como elemento indispensável de sua existência.

Outro institucionalista, Hauriou, define a instituição a partir do conceito de ideia, entendida como um polo de agregação para o qual não há explicações de origem ou natureza, pois a significação da instituição não ultrapassa sua existência[18].

Para além das críticas à teoria da instituição de Romano, deve-se reconhecer nela o mérito de ter expandido a paisagem jurídica que antes se adstringia ao próprio Estado e que, logo após vir a lume sua teoria, se expandiu e concebeu o fenômeno da organização como critério fundamental para distinguir uma sociedade jurídica de uma não-jurídica, rompendo, deste modo, com a tradição estatalista do Direito.

5.   O pluralismo jurídico

Destacado o mérito da teoria institucionalista do Direito, cumpre agora matizar alguns aspectos no tocante à teoria estatalista que, como já adiantado, identifica o âmbito do Direito, como o âmbito do Estado.

Para tanto, faz-se necessário um pequeno regresso, já que a teoria estatalista é produto por excelência dos tempos modernos, à Idade Média onde havia diversos ordenamentos jurídicos que competiam entre si e onde Direito (*lex naturallis*) era dito pela Santa Madre Igreja[19] já que não era facultado a todos os homens a interpretação dos desígnios e eflúvios que provinham de Deus . É importante lembrar, nesse diapasão, que a descentralização, marca política, por seu turno, indelével dos tempos medievos, é o que, em grande medida, determinava essa pluralidade de ordenamentos jurídicos, em outros termos, a ausência de um poder central que tomasse para si o monopólio ou pelo menos a pretensão de monopólio na produção do Direito, obstaculiza a unidade do ordenamento jurídico. A modernidade rompe drasticamente com esse impasse: o Estado torna-se a fonte legítima de onde jorra o Direito, o que não significa, todavia, que ele seja a única fonte – e aqui entra a questão atual do Direito alternativo que viceja, em ampla medida, na periferia do capitalismo global, ou seja, nos países classificados sob o geográfico de subdesenvolvidos.

Pari passu à formação do Estado moderno e monopolização do Direito por este Estado, tem surgimento um forte de poder coativo ao redor desse mesmo Estado que faz com

---

[18] ADEODATO, João Maurício. **A Retórica Constitucional – sobre tolerância, direitos humanos e outros fundamentos éticos do direito positivo.** 2° edição. São Paulo, 2010. Editora Saraiva. P. 91.
[19] ADEODATO, João Maurício. **Ética e Retórica – Para uma teoria da dogmática jurídica.** 3° edição. São Paulo, 2007. Editora Saraiva. P. 127.

que os outros diversos poderes e vontades sejam submetidos à autoridade estatal. Vale a pena transcrever o que pensa sobre a expressão poder, o prof. João Maurício Adeodato:

> A expressão poder é empregada diante de pelo menos quatro experiências concretas, as quais parecem fornecer meios de induzir outros sujeitos a determinada conduta: a persuasão, a autoridade, o engodo e a (ameaça de) força. Essas quatro formas não são mutuamente excludentes na realidade, podendo aparecer combinadas; ao mesmo tempo, elas não implicam sempre aceitação ou rejeição absolutas da mensagem tal como é transmitida, ou seja, alguém pode se deixar persuadir por uma parte do discurso e recusar o restante, por exemplo. Pode-se ser enganado quanto a uma parte do discurso e forçado a aceitar outras... E assim por adiante. Esta posição é diferente da de Hannah Arendt, que só aceita a persuasão e a autoridade como fundamentos de um poder legítimo[20].

A doutrina estatalista é responsável pela ideia que até hoje vige no imaginário popular de que o Estado é um ente que paira sobre todos e contra ele é difícil se insurgir. A teoria da instituição, por seu turno, afigura-se como uma reação ao estatismo onde os teóricos e intelectuais buscaram resistir à invasão promovida pelo Estado à vida dos particulares. Dentro desse contexto é possível, p. ex., vislumbrar as teorias anarquistas que sustentavam extirpar o Estado e permutá-lo por outras formas de organização das relações sociais.

> O princípio que rege o anarquismo está nas preferências das formas alternativas de organização voluntária em oposição ao estado, considerado nocivo e desnecessário. Para os anarquistas, se a religião, o Estado e a propriedade privada contribuíram em determinado momento histórico para o desenvolvimento humano, passaram depois a ser restrições à sua emancipação[21].

6. Observações críticas

Nesse bloco do texto buscar-se-á empreender uma análise de fundo científico à teoria da instituição de Romano, evitando, na medida do possível, recortes ideológicos em sua interpretação.

Assim acordado, a primeira questão a pôr-se em relevo aqui é a de que a teoria institucionalista, ao acreditar divergir da teoria estatalista, cai em equívoco. A teoria normativa, observa Bobbio, afirma tão somente que o fenômeno originário da experiência jurídica é a regra de conduta, ao passo que a teoria estatista, além de afirmar que o Direito

---

[20] ADEODATO, João Maurício. **Op. Cit.** P. 160.
[21] ARANHA, Maria Lúcia de Arruda. MARTINS, Maria Helena Pires. **Filosofando – Introdução à Filosofia**. 4º Edição. São Paulo, 2009. Editora Moderna. P. 269.

congrega um conjunto de normas, afirma que essas normas tem características que lhes são particulares. Daí muitos juristas considerarem a teoria estatista uma teoria normativa restrita.

Como exposto anteriormente, para a teoria institucionalista, antes de ser norma, o Direito é uma organização. Essa concepção incorre em um equívoco muito grave. Ora, como a sociedade organizar-se-á sem haver, no mínimo, regras básicas que coordenem essa organização? A própria noção de organização presume a ideia de uma regra que possa torná-la viável, que seja capaz de disciplinar a conduta dos indivíduos envolvidos no alcance desse desiderato. Portanto, para que uma sociedade possa realizar a transição de seu estado inorgânico – de desorganização – para o orgânico – de organização – e, desse modo, institucionalizar-se é necessário que estabeleça os meios e os fins que irá seguir e que distribua funções aos diversos agentes que trabalham nesse processo de transição e posterior institucionalização da sociedade. Tudo isto só é possível, concorde-se, a partir do estabelecimento e imputação de regras.

Logo, com supedâneo no exposto acima, cabe concluir que , ao contrário do que a teoria institucionalista sustenta, a organização social não sucede o surgimento da norma. Ao contrário, a norma possibilita a organização dos homens que, à sua vez, possibilita o processo de institucionalização social. As normas de que se fala podem ser escritas ou não, podem ser proclamadas solenemente através de um Documento Magno ou aprovadas diretamente por membros do grupo. Por fim, cumpre ressaltar que qualquer que seja o tipo de relação entre pelo menos entre dois homens deverá esta relação ser, necessariamente, regulada por normas. Desse modo a teoria normativa não sai abalada pela teoria institucionalista, ao invés, sai fortalecida.

Não há organização sem um mínimo de normas que a viabilize, todavia a normatização ou seja, o processo de produção de normas prescinde da organização.

7.   O Direito é relação intersubjetiva?

Guiando-se por correntes sociológicas modernas e refutando a teoria da vontade de Savigny, segundo a qual o direito subjetivo é *"ein Gebiet, worin der Wille herscht"*[22], decorrendo da vontade do ser humano e não da vontade do Estado[23], a teoria intersubjetiva vem a reboque negar a teoria da relação por entendê-la extremamente individualista.

---

[22] JHERING, Rudolf Von. **Geist des romischen Rechts auf den verschiedenen Stufen seiner Entwicklung.** Leipzig, 1906. P. 339. In: ADEODATO, João Maurício. **Op. Cit.** P. 172.
[23] ADEODATO, João Maurício. **Op. Cit.** P. 172.

A teoria da relação intersubjetiva, grosso modo, enxerga o Direito como um produto construído socialmente, a partir do social, ou seja, a partir de uma perspectiva coletiva e não individual. Eis ai então o primado sobre o qual erigir-se-á a crítica dessa teoria as concepções de Savigny no tocante a superioridade do direito subjetivo ao direito objetivo.

Os institucionalistas atacaram essa teoria sustentando que , não obstante ser o Direito um produto cultural e socialmente produzido, uma relação entre duas pessoas não se faz suficiente para constituir Direito. É mister que essa relação esteja inserida de um contexto social mais amplo e complexo, qual seja, dentro de uma instituição. Os institucionalistas também acusaram a teoria da relação de ser individualista e, nessa acusação, lançaram mão de Kant para quem

> o direito tem a função de buscar a liberdade na plenitude, tornando possível o seu exercício, limitando a conduta de cada indivíduo, igualitariamente. Por isso Kant afirma que a liberdade para o homem somente é possível por meio do direito. O direito se realiza por meio da coação, e assim permite a liberdade, de forma que esta somente poderá ser exercitada por meio da sociedade civil. Esta ordem normativa e coativa necessita ainda ser submetida à razão. As normas estabelecidas pelo estado necessitam emanar da razão, para que o homem, enquanto ser racional possa compreender a necessidade de submissão àquelasnormas. Somente desta forma não se instalará a injustiça e a violência entre os homens. Para Kant, a liberdade é o alicerce fundamental do conceito de direito, e a própria concepção de direito se encontra intimamente ligada à moral[24].

No entender de Kant, quatro formas há de relacionamento entre os sujeitos sendo a relação de um sujeito que tem direitos e deveres com um sujeito que dispõe dos mesmos direitos e deveres, própria do homem social.

8.   Exame de uma teoria

Alessandro Levi é dono da mais recente teoria que versa sobre o fenômeno jurídico enquanto relação jurídica. Para ele o conceito de relação jurídica alicerça cientificamente todo o ordenamento jurídico, ou, em outros termos, se converte no conceito fundamental – de verniz filosófico – para entender e conhecer o ordenamento jurídico.

Levi fala em relação jurídica a partir de sua acepção tradicional para designar uma relação intersubjetiva, ou uma relação entre duas pessoas, onde a primeira tornar-se titular de

---

[24] FRAZÃO, José Enéas Barreto de Vilhena. **Considerações a respeito da concepção kantiana e da moral e do direito**. Disponível em: www.webartigos.com/artigos/consideracoes...kantiana...direito/63657/ Acessado em: 19 de janeiro de 2014.

uma obrigação e à segunda é facultado algum direito. Levi incorre em erro, segundo Bobbio, por acreditar que inexiste direito fora daquilo que é predisposto pelo direito objetivo.

9. Observações críticas

O que se vai averiguar nesse bloco final do texto, é como todas as teorias que até aqui foram objeto de esboço, ainda que sumário, e que se contrapunham à teoria normativa do Direito, à ela se reduzem.

Mesmo que o Direito seja considerado em seu caráter de relação intersubjetiva, isso não elimina, pois, o seu caráter normativo. A relação jurídica, como exposto ao longo do texto, é a relação estabelecida entre,pelo menos, duas pessoas e que compartilham entre si direitos e deveres. Ter direitos ou deveres significa, no final de tudo, ter o poder de realizar uma determinada ação. E o poder, por seu turno, deriva, a rigor, de alguma regra socialmente imposta à obediência. E a obediência também subjaz de uma regra ou norma socialmente imposta.

Pela perspectiva normativa que este texto buscou seguir, o Direito acaba se revelando, (mesmo se acatarmos outras teorias que enxergam no Direito outros elementos constitutivos), um complexo de normas.

Nesse entoar, não obstante tudo o que foi considerado até aqui, pode-se inferir que a relação jurídica caracteriza-se primordialmente pela matéria daquilo que é objeto de relação, mas pelo modo como os sujeitos se comportam um em relação ao outro. A forma, portanto, é a nota distintiva fundamental e que caracteriza a relação jurídica. Assim, o problema de caracterização do fenômeno não pode ser dirimido no plano das regras – normas – que regulam a relação. A relação é jurídica, em arremate, se regulada por uma norma jurídica.

Entender, como posto no início do texto, a história de todas as civilizações que se sucederam no tempo é, fundamentalmente, entender as regras que essas civilizações adotaram para si, ou, em outros termos, entender as relações jurídicas que foram estabelecidas. Não há, pois nenhuma relação na história humana que não tenha sido uma relação jurídica – já que aqui partimos do pressuposto de que a sociedade sem o Direito pereceria (salvo para os institucionalistas).

E aqui cabe considerar, a guisa de mero interdisciplinamento, uma crítica ao materialismo dialético e histórico de Karl Marx, que via no campo econômico a razão de ser do Direito. Na linha que aqui se segue, é inconcebível que uma relação se dê por si mesma e que possa determinar de modo a cercear toda e qualquer liberdade de outro âmbito social.

Por fim, cumpre reiterar que nenhuma das teorias que foi objeto até aqui de discussão, não torna nebulosa a teoria normativa do Direito e que, como enfadonhamente repetido nesse texto, vê no fenômeno jurídico um emaranhado complexo de normas que, à sua vez, torna possível a vida em sociedade. A teoria da normatividade, portanto, à revelia de muitos, torna-se ainda renovada, e que vale, ainda que imperceptivelmente por parte de seus idealizadores, como pressuposto de validade de todas as outras teorias. É, em ampla medida, irracional as outras teorias, por tentar obstaculizar a teoria normativa do Direito, vez que essas outras teorias encontram na normatividade o pressuposto que lhe fazem "ter vida", diga-se assim. Não há, pois, uma exclusão recíproca entre elas e a teoria normativa, mas, ao contrário, há uma complementaridade recíproca entre ambas.

A teoria normativa do Direito, pois, encontra-se mais viva do que nunca!

Referências

Referência primária

BOBBIO, Norberto. **O direito como regra de conduta**. *In*: BOBBIO, Norberto. **Teoria da norma Jurídica**. Edipro.

Referências secundárias

ADEODATO, João Maurício. **A Retórica Constitucional – sobre tolerância, direitos humanos e outros fundamentos éticos do direito positivo**. 2º edição. São Paulo, 2010. Editora Saraiva.

ADEODATO, João Maurício. **Ética e Retórica – Para uma teoria da dogmática jurídica**. 3º edição. São Paulo, 2007. Editora Saraiva.

BELLING, Ernest Von. **La Science du droit, sa function et ses limites**, in Recueil d'éstudes sur les sources du droit, en honneur de Geny, t.2, p. 150; JR, Golfredo Telles Jr. **Palavras do amigo aos estudantes do direito**. São Paulo, Ed. Juarez de Oliveira, 2003.

ARANHA, Maria Lúcia de Arruda. MARTINS, Maria Helena Pires. **Filosofando – Introdução à Filosofia**. 4º Edição. São Paulo, 2009. Editora Moderna.

DINIZ, Maria Helena. **Compêndio de Introdução à Ciência do Direito**. 21º edição. São Paulo, 2010. Editora Saraiva.

FRAZÃO, José Enéas Barreto de Vilhena. **Considerações a respeito da concepção kantiana e da moral e do direito**. Disponível em: www.webartigos.com/artigos/consideracoes...kantiana...direito/63657/ . Acessado em: 19 de janeiro de 2014.

GODOY, Arnaldo Sampaio de Moraes. **Embargos culturais – Em Antígona o embate entre direito positivo e direito natural**. Disponível em: http://www.conjur.com.br/2012-ago-26/embargos-culturais-antigona-embate-entre-direito-positivo-natural Acessado em: 20 de janeiro de 2014.

JHERING, Rudolf Von. **Geist des romischen Rechts auf den verschiedenen Stufen seiner Entwicklung**. Leipzig, 1906. P. 339. In: ADEODATO, João Maurício. **A Retórica Constitucional – sobre tolerância, direitos humanos e outros fundamentos éticos do direito positivo**. 2º edição. São Paulo, 2010. Editora Saraiva.

JR., Tércio Sampaio Ferraz. **Introdução ao estudo do Direito – Técnica, decisão, dominação.** 7° edição. São Paulo, 2013. Editora Atlas.

VECHIO, Del. **Philosophie du droit.** Paris. Dalloz, 1953. P. 279. In: DINIZ, Maria Helena. **Compêndio de Introdução à Ciência do Direito.** 21° edição. São Paulo, 2010. Editora Saraiva.

MULLER, Friedrich; CHRISTENSEN, Ralph; SOKOLOWISK, Michael. **Rechtstext und Textarbeit.** Berlin: Dunker e Humblot, 1997, p. 32. ADEODATO, João Maurício. **Op. Cit.**

VILANOVA, Lourival. **Sobre o conceito de Direito.** Imprensa Oficial. Recife, 1947.

www.ingramcontent.com/pod-product-compliance
Lightning Source LLC
Chambersburg PA
CBHW071147220526
45467CB00015B/2094